NO LONGER PROPERTY OF
SEATTLE PUBLIC LIBRARY

La joven aviadora

Aída de Acosta sube muy alto

Margarita Engle

Ilustraciones de Sara Palacios

Traducción de Teresa Mlawer

athenum

ATHENEUM BOOKS FOR YOUNG READERS

Nueva York   Londres   Toronto   Sídney   Nueva Delhi

AGRADEZCO A DIOS POR EL CORAJE DE LAS MUJERES PIONERAS EN TODOS LOS RUBROS.

Por la información, agradezco al Instituto Smithsonian, a la Biblioteca Estatal de Nueva Jersey y al Museo Internacional del Aire y el Espacio de las Mujeres.

Por el aliento, agradezco a Curtis y al resto de nuestra familia, y a Angela Carpenter, Sandra Ríos Balderrama y Joan Schoettler.

Por el arduo trabajo y la dedicación, agradezco a mi maravillosa agente, Michelle Humphrey, a mi editora, Reka Simonsen, a la ilustradora, Sara Palacios, y a todo el equipo editorial.

—M. E.

Muchas gracias al Museo Internacional del Aire y el Espacio de las Mujeres por brindar materiales de referencia.

—S. P.

A
atheneum

ATHENEUM BOOKS FOR YOUNG READERS
Un sello editorial de Simon & Schuster Children's Publishing Division
1230 Avenue of the Americas, New York, New York 10020
© del texto: 2018, Margarita Engle
© de las illustraciones: 2018, Sara Palacios
© de la traducción: 2021, Simon & Schuster, Inc.
Traducción de Teresa Mlawer
Originalmente publicado en inglés como *The Flying Girl*
Todos los derechos reservados, incluido el derecho de reproducción total o parcial en cualquier formato.
ATHENEUM BOOKS FOR YOUNG READERS
es una marca registrada de Simon & Schuster, Inc.
El logo de Atheneum es una marca registrada de Simon & Schuster, Inc.
Para pedir información sobre descuentos especiales para compras al por mayor,
por favor póngase en contacto con Simon & Schuster Special Sales:
1-866-506-1949 o business@simonandschuster.com.
El Simon & Schuster Speakers Bureau puede llevar a autores a su evento en vivo.
Para obtener más información o para reservar a un autor, póngase en contacto con
Simon & Schuster Speakers Bureau: 1-866-248-3049
o visite nuestra página web: www.simonspeakers.com.
Diseño del libro: Debra Sfetsios-Conover
El texto de este libro usa la fuente Goudy Oldstyle.
Las ilustraciones para este libro fueron creadas con técnica mixta:
gouache, marcadores, lápiz de color, lápiz y digital.
Fabricado en China
Primera edición en tapa dura en español, mayo 2021
También disponible en una edición en rústica de Atheneum Books for Young Readers
0221 SCP
10 9 8 7 6 5 4 3 2 1
Los datos de catalogación se pueden obtener de la Biblioteca del Congreso.
ISBN 978-1-5344-8215-9 (hc)
ISBN 978-1-5344-8216-6 (eBook)

A mi hija, Nicole, con amor
—M. E.

A mamá, papá y a mi esposo, Ed, por ayudarme a volar
—S. P.

Un día, una joven llamada Aída paseaba

por una animada calle en una ciudad encantadora

cuando miró al cielo y se quedó maravillada

ante la vista de un inmenso globo

que se movía con la elegancia

de una luna en forma de ballena.

Una góndola colgaba del globo,

y dentro, había un hombre.

—Si ese hombre puede volar, yo también puedo —exclamó Aída—.
¡Todo lo que necesito son algunas clases
y una oportunidad!

La mamá de Aída le dijo:
—¡Ay! No, no, no, niña,
no seas tan atrevida.
¿Quién se va a casar con una joven
que quiere volar?

Pero ahora Aída tenía un sueño,
el increíble sueño de elevarse a las alturas,
y no le interesaba casarse
con alguien que pensara que los sueños
eran algo descabellado y tonto.

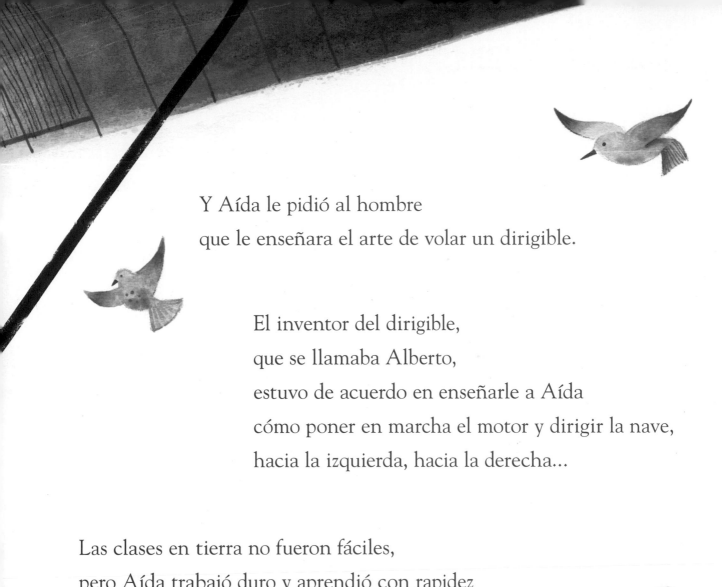

Y Aída le pidió al hombre
que le enseñara el arte de volar un dirigible.

El inventor del dirigible,
que se llamaba Alberto,
estuvo de acuerdo en enseñarle a Aída
cómo poner en marcha el motor y dirigir la nave,
hacia la izquierda, hacia la derecha...

Las clases en tierra no fueron fáciles,
pero Aída trabajó duro y aprendió con rapidez
a accionar esta palanca, halar aquel cabo,
soltar más lastre...,
¡a creer,
practicar,
confiar!

Una tarde, Alberto invitó a Aída
a una cena aérea con mesas tan altas
como elefantes, atendidas por camareros
que se desplazaban sobre larguísimos zancos
que
  los
  hacían
  parecer
  absurdas
  jirafas.

Durante la cena, Alberto comentó
que sus dirigibles
eran como carrozas de la paz,
en las que personas de todo el mundo
podían encontrarse
y hacer nuevas amistades
volando de un lugar a otro.

Cuando Alberto invitó a Aída a dar
un paseo en su dirigible, ella le dijo:
—¡No, no, no! No quiero ser una pasajera.
¡Quiero ser el piloto!

Alberto estaba sorprendido.
Aída no era más que una adolescente,
y ninguna mujer o joven había volado antes.
Pero tampoco nadie había creído
que su increíble sueño de hacer un vuelo a motor
pudiera convertirse en realidad.
No hasta que él inventó su dirigible.

Y Alberto se dio cuenta de que, si él podía volar,
Aída también podía hacerlo.
Todo lo que ella necesitaba
era coraje y una oportunidad.

En un despejado día de verano,
Aída por fin tuvo esa emocionante
oportunidad
de accionar esta palanca, halar aquel cabo,
soltar más lastre...,
¡de creer,
de elevarse,
de soñar!

Como una luna en forma de ballena,
el enorme globo dirigible
se elevó sobre la ajetreada ciudad
y llegó hasta la campiña.
Sobrevoló verdes granjas,
vacas y ovejas,
por sobre las cabezas
de niños que gritaban
entusiasmados:
—¡Miren, miren!
¡Es una chica! ¡Y está volando!

Desde su góndola, Aída sonreía
a los niños, pero también fruncía el ceño
al ver que Alberto la seguía por tierra,
pedaleando frenéticamente,
agitando un pañuelo
para indicarle el camino a seguir,
a pesar de que ella le había dicho
que no necesitaba ayuda
pues había
practicado.

El sombrero de Alberto se enganchó
en una rama, y se quedó rezagado.

Aída continuó volando sobre campos y ríos,
completamente sola,
realmente libre...

hasta que por fin llegó
a su destino: un verde campo de polo
donde ágiles ponis
hacían piruetas y saltaban
como bailarines.

Aida aterrizó con destreza,
esperando poder ver el osado juego,
pero ya en tierra comprobó
que no podía bajarse
de la góndola.

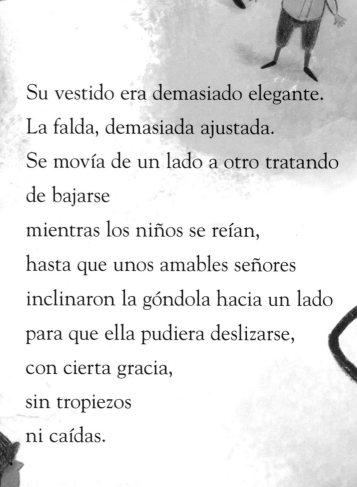

Su vestido era demasiado elegante.
La falda, demasiada ajustada.
Se movía de un lado a otro tratando
de bajarse
mientras los niños se reían,
hasta que unos amables señores
inclinaron la góndola hacia un lado
para que ella pudiera deslizarse,
con cierta gracia,
sin tropiezos
ni caídas.

Aída quería ver el juego,
pero se vio rodeada de extraños
que le gritaban, la insultaban,
y le decían que era muy atrevida,
demasiado valiente,
alguien diferente, extraña.

Gritaban que las niñas solo
debían aprender a cocinar,
coser y limpiar,
y nunca aprender a volar
enormes máquinas.

Justo en ese momento apareció Alberto
pedaleando en su bicicleta, deseoso de felicitarla.

—¡Lo lograste! —gritó—. ¡Volaste! ¡Eres una heroína!
¡Un ejemplo de valor e inspiración
para todas las niñas
del mundo!

Aída se sonrió.

Aída se rio.

¡Sí, sí, sí!, de veras había sido la primera,
pero estaba segura de que no sería
la última.

Cada niño y niña que la había visto
elevarse sobre ciudades y campos
ahora cantaría:

«¡Si esa joven puede volar, yo también puedo;
lo único que necesito son clases
y una oportunidad!».

—A veces —Aída le dijo a Alberto—,
todo lo que se necesita para cambiar el mundo
es el impetuoso afán
de un intrépido soñador.

Aída de Acosta

Aída de Acosta (1884–1962) es conocida como la primera mujer que efectuó un vuelo autopropulsado a motor. Nació en Nueva Jersey, de padre cubano y madre española. A la edad de diecinueve años, durante un viaje a París, Aída quedó fascinada por los dirigibles del inventor brasileño Alberto Santos-Dumont. Tomó tres clases en tierra, en el parque aéreo privado de Alberto en Neuilly St. James, donde construía los dirigibles que él llamaba *carrozas de la paz*. Después de que Aída asistiera a una de las peculiares «cenas aéreas» de Alberto, con mesas de siete pies de altura y camareros que servían en zancos, él la invitó a volar en uno de sus dirigibles. Ella insistió en que quería ser el piloto y no un pasajero.

La mamá de Aída no estaba de acuerdo, pero finalmente aceptó que su hija volara con la condición de que el padre de Aída no se enterara, porque en esa época las mujeres que salían en las noticias eran consideradas poco respetables.

El histórico vuelo de Aída al campo de polo Château de Bagatelle, cerca de París, se llevó a cabo en el verano de 1903, casi seis meses antes de que los hermanos Wright volaran un avión de ala fija. Cuando la espectacular foto de Aída salió en los periódicos, el padre se enteró y le exigió que nunca más volviera a hablar de esa hazaña. Como Aída era una hija obediente, mantuvo su promesa hasta la década de 1930, cuando donó sus papeles al Smithsonian, donde fueron expuestos junto con el motor del dirigible en el que ella había volado.

Como esposa del abogado de Charles Lindbergh, Aída mantuvo un interés de por vida por la aviación, pero cuando perdió la visión de un ojo por glaucoma, abogó por una mejor atención médica en el cuidado de los ojos. Recaudó fondos para establecer el primer instituto de la visión en Estados Unidos, en el Hospital Johns Hopkins, y dirigió el primer banco de ojos en Estados Unidos, el Eye-Bank for Sight Restoration, Inc., de Nueva York.

Alberto Santos-Dumont es conocido en Brasil, su país natal, como el padre de la aviación. Inspirado por las novelas de Julio Verne, comenzó a inventar máquinas voladoras a la edad de diez años, en la remota plantación de café donde creció. Sus vuelos en dirigibles alrededor de la Torre Eiffel en París fueron de los más grandes espectáculos de los comienzos de la aviación. A diferencia de los hermanos Wright, Alberto no creía en patentes, y cuando ganaba premios, donaba la mayor parte del dinero a los pobres. Se convirtió en el líder del movimiento de protesta contra el uso de las nuevas tecnologías en aviación para fines militares.